AF591639

PAUL MORIN,

DRAME EN TROIS ACTES,

PAR M. MARIE.

REPRÉSENTÉ POUR LA PREMIÈRE FOIS SUR LE THÉATRE DE L'AMBIGU-COMIQUE, LE 27 SEPTEMBRE 1829.

PRIX : 2 FRANCS.

PARIS,

CHEZ TOUS LES MARCHANDS DE NOUVEAUTÉS.

1829.

PERSONNAGES.		ACTEURS.
PAUL MORIN, ancien capitaine de lanciers, propriétaire d'une fonderie....	MM.	BEAUVALET.
PIERRE DURAND..................		DUAUT.
M, HUBERT, propriétaire...........		PECRUS.
M. RAYMOND, employé dans les ponts-et-chaussées....................		EUGÈNE.
JULIEN, ancien lancier...............		BARON.
Le MAIRE du lieu..................		MELCHIOR.
JEAN, domestique de Paul Morin.....		PAUL.
JÉROME, vieux berger des Pyrénées, sorcier.........................		DUBOURJAL.
BLANCHE, ouvrier de la fonderie......		GILBERT.
PIERRE, *idem*		JOLY.
JUSTIN, *idem.*		BOURGEOIS
Un OUVRIER.......................		ROGER.
Un NOTAIRE, personnage muet.		
Madame MORIN, mère de Paul Morin.	Mesd.	VERTEUIL.
MARIE, fille de M. Hubert...........		MAZURIER.
MARGUERITE, domestique de Paul Morin.........................		ÉLÉONORE.

Invités, Ouvriers, Hommes et Femmes du peuple, villageois, etc.

La scène est à Céret, aux environs de etc., en 1816.

PAUL MORIN.

DRAME EN TROIS ACTES.

ACTE PREMIER.

(Le théâtre représente un grand appartement ouvert dans le fond. Sur le côté des portes latérales. Le rideau du fond représente le Canigon.

PAUL, MARIE, MADAME MORIN, MONSIEUR RAYMOND, MONSIEUR HUBERT, JULIEN, UN NOTAIRE, MARGUERITE, LE MAIRE, OUVRIERS.

(Tous ces personnages, excepté Raymond, sont autour d'une grande table, assis ou debout; Raymond est sur le devant de la scène.)

RAYMOND, *à part.*

Et mon diable de berger qui ne se montre pas.... Je connais le caractère faible et superstitieux de Marie.... son apparition seule aurait pu retarder la cérémonie, et me donner un rayon d'espoir !.... C'est fini .... le contrat va se signer..... Paul Morin l'emporte.... ah! nous verrons, je me vengerai ou j'y perdrai mon nom.

HUBERT.

Monsieur le maire, veuillez bien accepter nos remercîmens; vous allez marier nos enfans, et vous daignez assister à la cérémonie et signer au contrat.

LE MAIRE.

Ce que nous ferons à la mairie sera un devoir.... Ce que je fais ici est un plaisir

MADAME MORIN.

M. le maire !.... croyez....

LE MAIRE.

Pardon... Il est un privilége attaché à mes fonctions, qu'aujourd'hui surtout je réclame (*il s'approche de Marie*). Madame Paul-Morin, voulez-vous me permettre de vous embrasser?

PAUL.

M. le Maire, c'est moi qui vous présente ma femme.

LE MAIRE, *après avoir embrassé Marie, passe entre elle et Paul.*

Mes enfans, acceptez mes complimens et mes vœux pour votre bonheur.

JULIEN, *à Paul.*

Dites donc, mon capitaine... c'est bien joli un jour de bataille; mais il vaut mieux encore un jour de noces?

PAUL.

Sans doute Julien... Vois comme elle est jolie!... Je vais être heureux, mon camarade, je l'espère... et quand tu auras choisi une femme, nous te marierons à ton tour... nous trouverons moyen d'employer madame Julien, et tu ne nous quitteras pas.

JULIEN.

Jamais, mon capitaine.

RAYMOND.

Permettez, M. Paul, qu'à mon tour...

PAUL, *lui prenant la main avec cordialité.*

M. Raymond, je sais que vous avez désiré la main de Marie, et vous le voyez... j'ai été plus heureux que vous; mais rien de plus naturel que sa préférence... vous êtes étranger dans la commune, quelque tems de séjour dans ce pays, où vous avez été envoyé en qualité d'ingénieur, ne pouvait balancer tous mes titres: enfant de ces montagnes, mes premières années se sont écoulées auprès de Marie, et notre amour a grandi avec nous... Je sais toute l'amitié qu'a pour vous mon beau-père, M. Hubert, et j'espère que la préférence que l'on m'a accordée ne nous brouillera pas...

HUBERT.

Bien, mon fils, je vous remercie.

RAYMOND.

Ah! Monsieur... croyez.... certainement (*à part*), que

Jérôme vienne avant la bénédiction nuptiale, et nous verrons la fin de tout ceci...

MARIE, *embrasse madame Morin.*

Ma mère!... car je puis maintenant vous donner ce nom...

MADAME MORIN.

Ma fille! toi seule manquais au bonheur de Paul : il va être dès ce jour tout entier dans tes mains!

PAUL, *en s'approchant de sa mère.*

Excellente mère!

HUBERT.

Allons, mes amis, nous voilà tous heureux... ne nous attendrissons pas... L'époux est content de la dot... moi je trouve le douaire convenable; signons le contrat... M. le Maire... veuillez signer le premier.

LE MAIRE, *prenant la plume.*

Très-volontiers, *(il signe.)*

JULIEN, *à part.*

Voilà M. Raymond bien attrapé... mais après tout... s'il est raisonnable, il verra bien que mademoiselle Marie ne pouvait pas balancer entre mon capitaine et lui... mon capitaine est jeune, riche, aimable, bon, et puis la croix qu'il a gagnée, j'ose le dire... Tiens, voilà M. Raymond qui se dispose à signer au contrat... allons, il prend son parti...

HUBERT.

Au marié, maintenant (*se retournant*). Eh! bien, où êtes-vous donc, Paul?

PAUL, *qui était au fond du théâtre et regardait la campagne.*

Un moment, M. Hubert, un moment... il nous manque un ami, Pierre Durand... il ne peut pas tarder à venir, car j'ai envoyé vers lui ce matin, et je vois mon courrier qui descend de cheval.

SCÈNE II.

LES MÊMES, JEAN.

PAUL.

Eh bien! Jean.... quelles nouvelles? Pierre Durand te suit sans doute?

JEAN.

M. Durand ?... non, Monsieur.

PAUL.

Comment! il ne vient pas ?...

JEAN.

Non, Monsieur...

PAUL.

Manquer à ma noce !....

JEAN.

Monsieur, c'est que je ne l'ai pas trouvé.

PAUL.

Il était donc déjà parti.... mais alors comment ne l'as-tu pas rencontré en chemin ?....

JULIEN.

Mon capitaine, vous savez que M. Pierre Durand est coutumier du fait, et je gagerais qu'il se sera égaré dans la montagne, et qu'il aura demandé son chemin à quelque joli petit minois chiffonné qui l'aura désorienté... et voilà !

MARIE, *à Paul.*

Si ton ami ne vient pas, j'espère que son absence ne te fâchera pas assez pour t'inquiéter.... tu ne voudrais pas être triste aujourd'hui.

PAUL.

Non, ma bonne Marie, non.... mais tu sais combien je lui suis attaché..... nés le même jour, partis ensemble pour l'armée, pendant dix ans nous avons partagé les mêmes périls.... les mêmes grades. les mêmes honneurs nous étaient toujours accordés en même tems, et je suis fâché de lui voir montrer cette froideur dans une pareille circonstance.

MARIE.

Il va venir peut-être....

PAUL, *gaiement.*

Oui, oui, il viendra.... Julien aura tort.... aujourd'hui Pierre-Durand ne doit penser qu'à l'amitié, aussi bien, je ne suis pas fâché de ce moment de retard.

RAYMOND, *à part.*

Ni moi.... Il donnera à mon sorcier le temps d'arriver....

PAUL.

Il me vient une idée que je prétends mettre à exécution. Julien.... ma mère.... venez avec moi.

MARIE.

Comment, tu me quittes ?

(Paul parle bas à sa mère et à Julien; pendant ce tems Jean s'approche de M. Hubert.)

JEAN, *bas.*

M. Hubert, ça se trouve bien qu'il s'en aille.... faut que je vous parle en secret....

MARIE.

A mon père?

JEAN.

Et à vous aussi mademoiselle Marie !... c'est important....

MARIE.

Comment?..

JEAN.

Chut!

JULIEN, *à part.*

Ma foi, vous avez raison, mon capitaine, mademoiselle Marie, vous ne vous attendez pas à la surprise... ça va faire plus d'effet dans le village.

MADAME MORIN.

Paix donc, Julien!

JULIEN.

Ah! c'est juste... Il n'y aurait plus de surprise.

LE MAIRE, *qui pendant ce tems causait avec M. Raymond et le Notaire.*

Quant à moi mes amis, j'ai déjà signé au contrat, je me rends à la mairie où je vais prendre mon écharpe, je vous préviens que les affaires de la commune réclament une partie de ma journée... Ne me faites pas trop long-tems attendre.....

HUBERT.

Vous pouvez compter sur l'impatience des futurs.

RAYMOND, *à part.*

Tous ces retards me rendent l'espérance!... Allons voir si Jérôme est rentré dans sa chaumière.

(Tout le monde sort, excepté Hubert, Marguerite, Jean et Marie.)

SCÈNE III.

HUBERT, MARGUERITE, MARIE, JEAN.

MARGUERITE, *à part.*

Qu'est-ce qu'ils ont à se dire? Ecoutons...

MARIE.

Jean! parle, parle vite, nous voilà tous les trois.

JEAN.

Non, mam'zelle, nous sommes quatre...

MARIE, *allant à Marguerite.*

Marguerite, allez à la ferme.... Vous avertirez le gros Thomas de se tenir prêt avec son tambourin et sa cornemuse... Je veux que nous dansions au sortir de la mairie.

MARGUERITE.

Vous êtes bien bonne, mam'zelle. *(A part.)* C'est Jean qui m'a fait renvoyer il me le paiera.

(Elle sort.)

SCÈNE IV.

HUBERT, MARIE, JEAN.

MARIE.

Eh bien! qu'y a-t-il? je tremblais que Paul ne s'apperçût de ton embarras, et n'en voulût savoir la cause...

JEAN.

Ah! mam'zelle, c'est qu'il y a de quoi être pâle, allez!...

HUBERT.

Tu nous apportes donc une mauvaise nouvelle..... Elle vient bien mal à propos, un jour comme aujourd'hui... Mais encore qu'y a-t-il?

JEAN.

M. Durand n'est pas sorti de chez lui... Ou pour mieux dire il en est sorti... Mais pour n'y plus rentrer.

MARIE.

Que dis-tu?...

JEAN.

Dame, c'est assez clair, il est mort...

MARIE.

Mort!...

HUBERT.

Mort!...

JEAN.

Tenez ça me fend le cœur quand je songe à ce pauvre jeune homme, si gentil, si bien fait, si riche... Il n'y avait que M. Paul qu'on pouvait lui comparer...

HUBERT.

Mais comment ce malheur lui est-il arrivé.

JEAN.

Je n'ai pas voulu le dire à M. Paul, parce que ça lui aurait fait de la peine... Et puis, comme dit Jérôme, le vieux berger... Vous savez bien celui qui jette des sorts et qui vous faisait toujours peur quand vous étiez petite... C'est d'un mauvais augure... Qu'il dit... Quand on apprend une mort le jour d'un mariage.

(Marie fait un mouvement.)

HUBERT.

Paix!... *(A Marie.)* Tu vois ma fille à quoi mènent toutes les idées supertitieuses... A l'inquiétude à une prévoyance fâcheuse de l'avenir. Voilà le résultat de l'ignorance dans laquelle vit le peuple des Pyrénées... Tiens regarde Jean, le voilà tout triste, de la mort de Pierre Durand, sans doute, mais plus encore de ce qu'il t'a apporté un augure fâcheux, et toi-même Marie..... Je sens ta main trembler dans les miennes.

MARIE.

Je suis fille de ces montagnes et je frissonne malgré moi... Et dis moi Jean... Tu ne sais pas quel accident a causé sa mort?...

JEAN.

Oui je le sais, mais c'est là le plus difficile à vous dire...

HUBERT.

Et pourquoi cela?

JEAN.

C'est que, voyez-vous, mam'zelle Marie y est pour quelque chose!...

HUBERT.

Que dis-tu?... ma fille?

MARIE.

Moi?... Malheureuse!...

JEAN.

Oui, mais il ne faut pas vous tourmenter... ce n'est pas vot'faute.

HUBERT.

Explique-toi...

JEAN.

Vous vous souv'nez, Monsieur, que dans l'milieu du mois passé mam'zelle Marie, M. Paul, M. Durand et moi... oh! il y avait encore M. Raymond... n'est-ce pas mam'zelle Marie?...

MARIE.

Je ne sais pas encore ce que tu veux dire.

JEAN.

Oui il y était.

MARIE.

Eh! bien après?...

JEAN.

Vous vous étiez arrêtée pour cueillir quelques fleurs, et nous autres, nous cheminions en avant.

MARIE.

Ah! mon père, je sais ce qu'il veut dire... oui, il y a un mois et demi à peu près... nous allions reconduire Pierre Durand, qui était venu à la fête de ce village... tout à coup, je fus assaillie par une louve furieuse... je pousse un cri... Paul se précipite...

JEAN.

Et M. Raymond s'éloigne.

MARIE.

Durand tire une courte épée de chasse, Paul fait comme lui, et bientôt la louve est sans vie à mes pieds.

JEAN.

Cette louve avait déjà fait beaucoup de ravages dans la commune; M. Paul me l'a donnée et M. le Maire m'a compté cent beaux francs pour la peau... mais ce n'est pas tout...

MARIE.

Oui je me souviens... Pierre Durand fut légèrement blessé

mais... ce n'était rien... presque rien... il fut le premier à rire de sa blessure, que je pansai moi-même..... Eh! bien Jean?

JEAN.

Eh bien! mam'zelle, il paraîtrait qu'il en est mort!...

HUBERT.

Mort!...

MARIE.

C'est moi qui suis cause de la mort de Durand, le meilleur ami de Paul...

JEAN.

Quand je suis arrivé dans le village qu'habitait M. Durand, j'ai trouvé tout le monde en rumeur; là-dessus vous pensez bien que j'ai fait questions sur questions, et on m'a répondu que l'malheureux n'existait plus.

HUBERT.

O ciel! es-tu bien certain...

JEAN.

Pardine, n'y a pas à en douter, c'est Jacques à qui que Claude l'avait dit, et Claude le tenait du gros Nicolas, l'sonneur de la paroisse.

MARIE.

Oh!... Jean... vous êtes un honnête homme! vous venez de nous rendre un bien grand service, en cachant ici, tantôt, la vérité?... Vous nous êtes dévoué... de grâce ne dites rien, que Paul ne sache rien, qu'il ignore aujourd'hui ce funeste événement... demain, plus tard, nous verrons comment nous lui apprendrons la mort de son ami!

JEAN.

Ah! mam'zelle soyez ben tranquille... c'est parce que je voulais garder le secret que je n'ai pas voulu dire ça devant Marguerite. Car voyez-vous... une femme... ça parle, ça parle, ah! pardon, mam'zelle Marie!... c'est pas pour vous que j'dis ça.

HUBERT.

Silence! quelqu'un s'approche!...

JEAN.

Justement, c'est Marguerite... faut rien dire.

(Marie et Hubert parlent bas; celui-ci, par sa pantomime, rassure sa fille.)

SCÈNE V.

LES MÊMES, MARGUERITE.

MARGUERITE.

Jean!...

JEAN.

Marguerite!...

MARGUERITE.

Que fais-tu là, paresseux?

JEAN.

Tu vois je parle à mam'zelle.

MARGUERITE.

Parler, parler, tu ne sais faire que ça; mais je te préviens que si tu n'as pas plus le cœur à l'ouvrage, je ne veux pas de toi pour mari.

JEAN.

Oh! sois tranquille... je n'suis pas fainéant, va...

MARIE.

Qu'y a-t-il Marguerite?

MARGUERITE.

Mais c'est que rien n'est prêt ici, voyez-vous, nous avons des médaillons à placer, des guirlandes de buis à finir, c'est M. Paul qui a dessiné les médaillons, c'est M. Julien et moi qui tressons les guirlandes, et si Jean s'amuse à bavarder ici, sauf vot' respect, rien ne sera prêt à votre retour d' l'église.

(On entend une musique lointaine.)

MARIE.

Mais j'entends, je crois, le gros Thomas qui se dirige de ce côté.

JEAN.

Ça Thomas?... je n' crois pas.

MARGUERITE.

Non, non, ce n'est pas là sa cornemuse.

JEAN.

Oh! nous reconnaissons son son, allez...

MARGUERITE, *bas à Jean.*

Pourvu que ce n' soit pas celle du vieux Jérome qui porte malheur.

JEAN.

Tais-toi... ça l'est.

(On entend une autre musique plus gaie, qui vient de l'autre côté.)

MARGUERITE.

Oh! c'te fois, mademoiselle Marie, c'est bien Thomas que j'entends, je reconnais aussi l'tambourin d' son fils... Tenez, tenez, comme ça se pratique chez nous, il a couru tout l'village pour appeler les invités, les v'la tous qui viennent à sa suite.

(Entrée des conviés, la musique en tête; elle se compose de trois clarinettes ou hautbois, une cornemuse et un tambourin, qui joue d'une main du flageolet. Paul et Julien en uniforme, et madame Morin.)

SCÈNE VI.

MARIE, MARGUERITE, M. HUBERT, JEAN, PAUL, JULIEN, MADAME MORIN, VILLAGEOIS, MUSICIENS.

MADAME MORIN.

Ma fille, je t'amène ton mari... c'est lui-même qui a choisi sa toilette.

HUBERT.

Comment, Paul, en uniforme!...

PAUL.

Ma chère Marie, j'ai voulu mettre aujourd'hui mon plus bel habit... c'est-à-dire un uniforme que j'espère n'avoir pas déshonoré, avec lequel j'ai servi ma patrie *(aux ouvriers)*, que j'ai déposé, mes amis, quand je suis venu au milieu de vous partager vos travaux, quand, après avoir servi mon pays avec l'épée, j'ai pensé que je pourrais lui être utile encore par mon industrie.

LES OUVRIERS, ETC.

Bravo, M. Paul! vive M. Paul Morin!

PAUL.

Je l'ai mis aujourd'hui, Marie... pour la dernière fois, tu en auras les honneurs.

MARIE, *l'embrassant.*

Mon bon Paul!

MARGUERITE *à Julien.*

Tiens! M. Julien, vous aussi vous avez mis votre uniforme, ça vous va bien... avec ça que vous avez conservé vos moustaches, moi, j'aime les moustaches, d'abord...

JEAN.

Ah! tu aimes les moustaches?

MARGUERITE.

Oui certes, il est gentil comme ça, M. Julien.

JULIEN.

Oh? tu aimes mes moustaches? Marguerite, tu ne me l'avais pas dit encore...

MARGUERITE.

Est-c' qu'on dit ces choses-là... ça échappe, v'là tout.

PAUL, *revenant du fond du théâtre.*

Il paraît que Durand ne viendra pas... c'était lui cependant qui devait être mon témoin, qui devait égayer cette fête par ses chansons, et sa bonne humeur.

MARIE *à part.*

Hélas!

PAUL.

Eh bien! M. Hubert, puisque Durand, qui ne m'a jamais fait faute un jour de bataille, manque aujourd'hui à l'appel de l'amitié... je vous proposerai un autre témoin.

HUBERT.

Volontiers, Paul... ce qui vous convient me conviendra toujours.

JULIEN *à part.*

J'espère que mon capitaine ne va pas prendre M. Raymond, ça m'empêcherait de boire à la noce comme il convient.

HUBERT.

Et quel sera votre témoin?

PAUL *frappant sur l'épaule de Julien.*

Le voilà.

JULIEN *se retourne surpris.*

Moi, mon capitaine?

MARGUERITE.

M. Julien!

JEAN *à Marguerite.*

Oui, M. Julien; qu'est-ce que ça vous fait mam'zelle!...

PAUL.

Oui, toi, mon camarade, toi qui ne m'as jamais quitté qui m'as toujours servi avec dévoûment, toi qui es aussi un de mes amis.

MARIE *tendant la main à Julien.*

Vous acceptez, Julien?...

JULIEN, *avec sensibilité.*

Dieu!... si j'accepte, mademoiselle (*allant vers la table et saisissant la plume*), et je vais signer mon nom tout de suite, de peur qu'on ne vienne à s'en dédire.

PAUL.

Maintenant, mes amis, nous n'avons plus qu'à partir; ma mère, acceptez le bras de M. Hubert. Toi, Jean, et vous Marguerite, vous savez nos conventions, mettez tout en ordre, il faut qu'à notre retour, tout respire ici le bonheur et le plaisir. Marie,.. donnez-moi votre main, qui va m'appartenir à jamais.

(La noce défile au son des instrumens montagnards.)

SCÈNE IX,

JEAN, MARGUERITE.

(Dans le fond sont des ouvriers et des ouvrières qui tressent ou suspendent des guirlandes et apportent des médaillons PM., de Paul et Marie.)

JEAN,

Ah! maintenant je vous tiens, mam'zelle Marguerite!

MARGUERITE, *à part.*

Tu me tiens!.. ah! nous allons voir. (*Haut*). Eh bien!... Qu'est-ce qu'il y a, M. Jean.

JEAN.

Ce qu'il y a?

MARGUERITE.

Oui, ce qu'il y a...

JEAN.

Ell' le demand' encore!.. Dieu de Dieu!.. quel front!.. pourquoi avez-vous parléà M. Julien?

MARGUERITE.

Eh ben! par exemple!.. est-ce qu'on n'peut pas parler à M. Julien?

JEAN.

Pourquoi lui avez-vous dit que vous aimiez les moustaches?

MARGUERITE.

Si c'est vrai! si j'aime les moustaches!..

JEAN.

C'est ça.. Vous les aimez, parce que j'nen ai pas.. et si j'en avais, vous ne pourriez pas les souffrir.

MARGUERITE.

C'est ben possible!...

JEAN.

Oh! les femmes!.. les femmes!.. et vous le trouviez bien en uniforme.

MARGUERITE.

Tiens; faudrait pas avoir des yeux pour dire l'contraire..

JEAN.

Eh ben! c'est sans gêne..elle me l'avoue.. à moi-même.. y a au moins des femmes qui prennent des précautions.

MARGUERITE.

Dis donc, Jean! est-ce que t'es jaloux?..

JEAN.

Oui, jaloux! je n'me donne pas cette peine. (*A part.*) J'en étouffe seul'ment, v'là tout.

MARGUERITE.

Tu fais bien, parc'que si tu avais c'te maladie-là.... j'aurais mis un fameux prix à ta guérison.

JEAN.

Et quel est ce prix, s'il vous plaît?

MARGUERITE.

J'taurais d'mandé, par exemple, de m'dire où tu es allé c'matin.

JEAN.

C'matin ?

MARGUERITE.

J'aurais aussi voulu savoir ce que vous aviez à apprendre à M. Hubert et à mademoiselle Marie, et pourquoi on m'a donné une commission pour m'éloigner !

JEAN.

Oh ! vois-tu tout ça, c'est les affaires d'mes maîtres.. je ne peux pas les dire....

MARGUERITE.

Ah ! tu me dis que tu m'aimes, et tu me caches quelque chose !

JEAN.

Ma petite Marguerite !

MARGUERITE.

Je m'en vengerai.

JEAN.

J'te l'dirai plus tard,.. demain, après demain.

MARGUERITE.

Oui, quand tout l'monde l'saura..... la belle avance..... ca n'peut pas m'aller..... aujourd'hui ou pas du tout.

JEAN.

Eh ben ! pas du tout.

MARGUERITE.

Alors, n'en parlons plus.

JEAN.

C'est ça, n'en parlons plus.

MARGUERITE.

C'est fini !

JEAN.

C'est fini... et occupons-nous des préparatifs de la fête.

MARGUERITE.

A laquelle je ne danserai pas avec toi, par exemple.

(Pendant ce tems les ouvriers ont suspendu les guirlandes.)

JEAN, *se retournant.*

C'est ça, mes amis, ça fait déjà une bonne figure !....

MARGUERITE.

Eh ben ! et les médaillons ?...

JEAN.

Les médaillons, il faut les placer pardessus les guirlandes.

(Il en prend un et l'apporte sur le devant de la scène.)

Je crois qu'il faut le tourner ainsi.

MARGUERITE, *retournant le chiffre sens dessus dessous.*

Eh! non, c'est plutôt comme ça.

JEAN.

Par exemple!

MARGUERITE.

Ma foi c'est ben plus gentil, n'est-ce pas vous autres?

LES OUVRIÈRES.

Oui, oui!...

JEAN.

Voyez-vous l'esprit de corps. (*Aux hommes.*) Ditesdonc, les amis.. c'est y pas d'ce côté-là que ça se r'tourne?

LES OUVRIERS.

Oui, oui....

MARGUERITE.

Voyez-vous comme ils se tiennent.. Eh bien! que c'lui qui sait lire vienne décider la question... personne ne bouge!..

JEAN.

Faut croire que nous sommes tous bien savans dans notre pays..

MARGUETITE.

V'là donc qu'il faut attendre le retour de notr' maître..

JEAN.

Il y aencore un moyen.. V'là Jérôme qui vient d'faire rentrer son troupeau, et qui s' promène sur la place.. lui qu'est sorcier, il pourra p' t'être ben nous mettre d'accord...

MARGUERITE.

Faut pas être sorcier pour ça.. faut savoir lire, v'là tout!

JEAN.

Eh bien!.. l' père Jérôme lit tout courant dans les livres.. par ainsi, c'est notre affaire. (*Il va vers la porte et appelle.*) Père Jérôme!.. père Jérôme!

MARGUERITE.

Qu'est-c' que tu fais là.. Tu veux le faire entrer dans la maison; mais il va jeter quelque mauvais sort sur nous.

JEAN.

Il n'y a pas d'danger.. C'est nous qui l'avons aperçu tout d'abord.

MARGUERITE.

Eh bien !..

JEAN.

Eh bien!.. pour qu'il ait du pouvoir, il faut que ce soit lui qui ait été le premier à voir le monde.. est-elle donc bête!.. elle ne sait pas encore ça!

TOUS *à Marguerite.*

Mais oui!.. mais oui !..

MARGUERITE.

Ah! ben dame!.. j' savais pas.

SCÈNE X.

LES MÊMES, JÉROME.

JÉRÔME.

Me voilà, mes enfans.. me voilà.. Comment vous m'appelez!.. Vous n'avez donc pas peur du vieux berger.. ou ben si c'est qu'vous avez besoin d'ses services.

MARGUERITE, *bas à Jean.*

Vois-tu comme il a deviné l'vieux sorcier.

JEAN, *bas.*

Chut!.. (*Haut.*) Eh bien! oui.. père Jérôme.. nous avons besoin.. de vous.. Il s'agit de nous déchiffrer ces chiffres-là...

JÉRÔME.

C'est le chiffre de M. Paul Morin et de mam'zelle Marie.

JEAN.

Justement, père Jérôme!.. Voyez-vous.. il faut que nous le suspendions à l'instant.. et à nous tous, nous n' pouvons pas savoir ous-qu'est le haut et le bas.

JÉRÔME, *avec attention.*

J'entends!.. j'entends?.. Vous ne voulez pas risquer de mettre les médaillons à l'envers.. parce que.. un jour de noce.. ça pourrait porter malheur!

JEAN.

Vous l'avez deviné...

MARGUERITE.

Eh ben! père Jérôme!... allez-vous nous dire?...

JÉRÔME, *à part :*

Sans doute... sans doute... et quoique je n'aie pas à me louer de M. Paul Morin, qui fait l'esprit fort, et qui m'a menacé de la justice, si je continuais à tirer parti des dons que j'ai reçus du ciel... Je veux bien encore lui être utile (*retournant les chiffres à l'envers*), c'est comm' ça mes enfans que ces chiffres doivent être placés... (*les ouvriers les suspendent aussitôt*). Là!... vous voyez bien que le coup d'œil est superbe!...

JEAN.

Ah! c'est y gentil!... c'est y gentil!...

JÉRÔME.

Maintenant, mes amis, si je puis encore vous être utile... et si pendant que vos maîtres sont à l'église, vous voulez essayer la salle de bal, ma cornemuse est à votre disposition...

JEAN.

Comment, père Jérôme, vous seriez assez aimable?...

JÉRÔME.

Allons, allons, je vois déjà que les jambes démangent à nos jeunes filles... en avant la pavane et le bal national.

BALLET.

(Danses catalannes. Elles sont interrompues par trois ou quatre boîtes qu'on est censé tirer, et la sortie de l'église.)

MARGUERITE.

Les v'là qui sortent de l'église... ils sont mariés...

LES OUVRIERS.

Vive madame Paul Morin!...

MARGUERITE.

Père Jérôme, allez-vous en... vous savez qu'mam'zelle Marie n'aime pas à vous rencontrer.

JÉRÔME.

Elle a peur de moi... c'est vrai (*à part*); c'est pourquoi je vais me placer sur son passage... Je suis payé pour ça... il faut bien gagner son argent...

(Il sort par la porte du fond et se tient au milieu de la place.)

SCÈNE XI,

LES MÊMES, PAUL, MARIE, MADAME MORIN, HUBERT, CONVIÉS.

TOUS, *arrivent en scène aux cris de :*

Vive M. Paul Morin !... vive M. Paul Morin !... etc.

PAUL.

Mes amis, je vous remercie des vœux que vous formez pour mon bonheur... Soyez convaincus que je suis digne de l'attachement que vous me témoignez... Le bien être de tout mes ouvriers, voilà ma plus chère envie.

(Il va de l'un à l'autre, leur serrer la main; ils pressent la sienne avec respect, BALLET.)

PAUL *aux conviés.*

Mes amis... la salle du festin est préparée pour les musiciens. Ma mère, M. Hubert, veuillez y conduire ces braves gens... Marie et moi, nous ne tarderons pas à vous rejoindre.

HUBERT.

Je vous entends, Paul... vous voulez rester seul un instant avec votre nouvelle épouse... rien de plus naturel; nous allons satisfaire votre désir.

(Musique. Tout le monde sort; la porte du fond se ferme.)

SCÈNE XII.

MARIE, PAUL.

MARIE.

Jérôme est toujours là. Sa vue, sans cesse attachée sur moi, me glace de frayeur.

PAUL.

Marie, tu es ma femme!... tu es à moi... comprends-tu mon bonheur?

MARIE.

Je fais plus... je le partage!

PAUL.

Pourquoi donc des nuages viennent-ils obscurcir ton front? pourquoi as-tu perdu une partie de la gaîté que tu avais ce matin?

MARIE.

Non, Paul... non... je suis la plus heureuse des femmes... mais je ne sais.

PAUL.

Quoi donc?

MARIE.

Nous sommes dans un monde où aucune joie n'est parfaite... et dans les momens où tout nous sourit... où nous sommes très-heureux... il y a quelque chose en nous qui nous dit de prendre garde... qui nous avertit d'un malheur prochain...

PAUL.

Comment donc?

MARIE.

Oui... pardonne-moi... mais voilà ce que j'éprouve.

PAUL.

Voilà donc, Marie, pourquoi tu t'affliges? j'espérais que tu m'aimais assez pour que ton amour triomphât de quelques légers pressentimens.

MARIE, *l'embrassant.*

Ah! oui... oui, Paul, tu as raison, et j'ai tort... Tu ne me trouveras plus aussi faible... je te le promets.

PAUL.

C'est bien, Marie! n'en parlons plus... et d'alleurs, qu'avons-nous à craindre.... nous sommes jeunes, nous nous aimons... voilà déjà plus de la moitié du bonheur; il y a encore une chose, nous sommes riches, et nous ne possédons pas de ces richesses stériles qui ne profitent qu'à leurs possesseurs... au contraire, ma fortune en s'augmentant par mon industrie fait vivre tout ce village... Cette fonderie nourrit quarante familles... Eh! bien... c'est au milieu de leur amour, de leurs bénédictions, que nous allons vivre, que nous allons élever les enfans que ton amour me donnera!

MARIE.

Paul!....

PAUL.

Tu ne m'écoutes pas, Marie!

MARIE.

Si!... mais, regarde!...

PAUL.

Quoi?...

MARIE.

Regarde ces médaillons, ces guirlandes...

PAUL.

Eh bien!

MARIE.

Comme tout est en désordre...

PAUL.

C'est vrai... comme c'est arrangé!... Marie! tu redevien triste... est-ce encore un pressentiment?

MARIE.

Non, mon ami.. non.. c'est..

PAUL.

C'est seulement que Jean, Marguerite et mes ouvriers sont des paysans ignorans qui ne savent pas lire.. Attends, je vais arranger cela, moi..

(Il s'approche des médaillons, les regarde et monte sur une chaise pour y atteindre.)

MARIE, *à part.*

Dieux! je pense toujours involontairement à ce pauvre Durand!.. si Paul savait..

PAUL.

Tiens, ma bonne amie !.. il faut absolument que nous mettions la main à l'ouvrage.. tu vas m'aider..

MARIE.

Oui, Paul, remettons tout comme il faut.

PAUL.

Attends.. cet habit me gêne!

(Il ôte son habit; il prend un médaillon qu'il apporte sur le devant de la scène; on voit alors un ruban noir qui entoure son bras auprès du poignet gauche.)

PAUL.

Tiens!.. regarde.. ton chiffre et le mien unis, s'entrelaçant l'un dans l'autre..

MARIE, *lui saisissant le bras et lui montrant le ruban qui l'entoure!*

Paul !.. qu'est-ce que c'est..

PAUL.

Rien, ma bonne amie!.. rien !.. une blessure légère que j'ai reçue pour toi..

MARIE.

Pour moi ?

PAUL.

Oui !.. et je n'ai peur que d'une chose.. c'est de n'en pas conserver long-temps la cicatrice.

MARIE.

Que dis-tu ?

PAUL.

Sans elle.. je serais jaloux de Durand qui a été blessé aussi pour toi..

MARIE.

Durand.. Durand.. ah ! mon Dieu..

PAUL.

Comment Marie !.. tu t'épouvantes, tu t'effrayes pour une blessure légère.. Durand !.. Durand !.. dis-tu.. ô ciel ! qu'elle idée !..

MARIE.

Paul, Paul, rassure-toi !

PAUL.

Qu'est devenu Durand ! qu'on aille le chercher.. qu'il

vienne..? non.. j'irai moi-même.. il faut que je le voie!.. cela me rassurera Marie!.. cela seul peut me rassurer!

MARIE.

Il viendra.. il va venir!... mais.. calme-toi, Paul!

PAUL.

Un mois... mais non.. davantage (*cherchant à se rappeler une époque*), 35... 39... 40. (*Jetant un cri*), ah! Marie...., je suis perdu!.. ô ciel!.. quand je touchais au bonheur.. quand tout me souriait..

MARIE, *à part.*

Et c'est pour moi!..

PAUL.

Marie!.. et toi, n'as-tu pas été blessée?

MARIE.

Non!...

PAUL.

Bien sûr.. il faut tout perdre! et quelle mort encore!.. Marie, je sens ma tête qui s'enflamme et se perd.. mon sang se précipite avec force dans mes veines.. mon cœur bat, on dirait qu'il va éclater.... éloigne-toi..

MARIE.

Non, je ne te quitterai pas.. je prétends rester auprès de toi pour te rassurer.. pour calmer ton imagination en délire!..

PAUL.

Éloigne-toi.. éloigne-toi..

MARIE.

Eh! quoi, mon ami, un mot.. une crainte ridicule que je n'ai pas su te cacher!..

PAUL, *avec explosion.*

C'est donc à moi à fuir ta présence.. adieu!..

(Il s'élance dans l'appartement de gauche, et referme vivement la porte derrière lui.)

MARIE, *courant à lui.*

Paul, mon ami.. il ne m'écoute plus.. (*On entend un grand bruit en dedans, des vitres cassées, des meubles renversés annoncent un premier accès de fureur*). O mon Dieu!.. c'en est donc fait..

(Elle est auprès de la porte.)

SCÈNE XIII.

TOUT LE MONDE. (*Excepté Paul*).

MADAME MORIN.

Quel bruit viens-je d'entendre?

HUBERT.

Ma fille, que signifie ce tumulte?

MARIE.

Rien, rien.. mon père !..

MADAME MORIN.

Où est mon fils?... où est Paul?

MARIE.

Là...... dans cette chambre....

MADAME MORIN.

Pourquoi ces cris... cette scène violente !.. je veux le voir !

MARIE, *cherchant à éloigner sa mère.*

N'approchez pas...

RAYMOND, *à part.*

Que dit-elle.. et que s'est-il donc passé?

MARIE.

Une discussion... une querelle entre mon mari et moi.. personne n'a le droit d'en demander la cause...

JULIEN.

C'est impossible !.. il faut que je voie mon capitaine..

MARIE, *se plaçant contre la porte.*

N'entrez-pas.. n'entrez-pas !.. c'est sa volonté et la mienne.

(Tout le monde accourt, se regarde, et chacun reste anéanti.)

TABLEAU.

FIN DU 1er ACTE.

ACTE SECOND.

(Le théâtre représente un salon dont tous les meubles sont en désordre. Il est à un premier étage. Au travers des croisées du fond on aperçoit des têtes d'arbres.)

SCÈNE PREMIÈRE.

PAUL *repose dans une chambre ;* JULIEN *s'introduit en ouvrant une fenêtre dont le carreau a été cassé.*

JULIEN, *à la cantonnade.*

Restez en sentinelle pour que personne ne passe par mon chemin... (*Il referme la croisée, après avoir bien considéré l'appartement*). O grand Dieu ! quel désordre... mon pauvre maître ! Mais que s'est-il donc passé ?... une querelle,... une brouille,... des cris,... et des traces d'une fureur;... lui qui était si doux... Il faut qu'il ait eu un motif bien grave de désespoir !... C'est sans doute ce maudit Raymond qui est cause de tout le mal;... cet homme-là m'a toujours chiffonné;... il a aimé mademoiselle Marie; M. Hubert, qui s'est laissé prendre à ses belles phrases, voulait la lui donner... Sans doute M. Paul et sa femme auront parlé de tout cela,... un mot à double entende aura été dit,... la jalousie sera arrivée au grand galop pour tout embrouiller, et alors mêlé général e dans les idées du pauvre capitaine...

(On frappe à la porte, vis-à-vis celle de la chambre où Paul repose.)

On frappe... ah diable !... Ouvrirai-je ?

MARIE, *au-dehors.*

Paul ! Paul ! c'est moi,... c'est Marie.

JULIEN.

C'est sa femme...

(Il ouvre avec précaution.)

SCÈNE II.

MARIE, JULIEN.

MARIE.

Où donc est-il?

JULIEN.

Chut! il dort...

MARIE. *Elle va à la porte de la chambre de Julien.*

Quel désordre!... mais comment avez-vous pénétré dans cette chambre?

JULIEN.

Par la fenêtre.

MARIE.

Seul?...

JULIEN.

Oui, madame...

MARIE.

A la bonne heure;... car si d'autres vous avaient suivi, qu'auraient-ils pensé?...

JULIEN.

Vous avez raison;... car moi-même...

MARIE.

Paix! paix!... pas de bruit surtout, de peur de le réveiller.

JULIEN.

Madame, je pense qu'il ne peut pas y avoir d'indiscrétion, à un homme qui depuis quinze ans n'a pas quitté M. Paul de vous faire une question?

MARIE.

Julien,... vous voulez savoir la cause de cet éclat qui a troublé le premier moment de mon mariage,... de cette scène enfin dont vous voyez des traces si violentes...

JULIEN.

Eh bien! oui, madame...

MARIE.

Il y a quelques heures, je me suis accusée devant tout le monde, et vous pensez peut-être, d'après ce que j'ai dit, que quelque mésintelligence...

JULIEN.

Non, madame;... mais...

MARIE.

Hélas! j'en suis réduite à souhaiter que ce fût là le motif de sa colère,... je l'apaiserais, Julien; je ferais toutes ses volontés, je condescendrais à tous ses désirs;... je l'aime,... mais il n'en est pas ainsi...

JULIEN.

Vous m'effrayez, Madame.

MARIE.

Ah! Julien, je n'ai plus de mari...

JULIEN.

Que dites-vous?

MARIE, *l'entraînant sur le devant de la scène.*

Chut!... qu'il n'entende pas;... je ne puis m'expliquer ici,... il pourrait surprendre ce secret...

JULIEN.

Ce malheur tient-il donc à l'absence de M. Pierre Durand?

MARIE.

Ne prononcez pas ce nom... (*On entend du bruit au-dehors.*) Mais on vient... Julien, dites comme moi;... aidez-moi à me débarrasser des questions qu'on va me faire... et réparons le désordre... (*Ils relèvent les meubles, etc.*) Tâchons d'éloigner tout le monde... Tout est-il bien en ordre ici...

JULIEN.

Oui... tout... tout...

MARIE, *à la cantonnade.*

Il dort... il repose toujours... comme il respire doucement... puisse le sommeil réparer ses forces et calmer son son esprit!

JULIEN.

Madame... on frappe...

MARIE, *essuyant ses larmes.*

Allez ouvrir, Julien...

SCÈNE III.

MARIE, JULIEN, M. HUBERT, MADAME MORIN, UN OUVRIER *portant l'uniforme de Paul. Il le remet à Julien, qui le pose sur un fauteuil. L'Ouvrier sort.*

MARIE, *allant au-devant de sa mère.*

Doucement, ma mère... il dort...

MADAME MORIN.

Il dort...

HUBERT.

J'espère, ma fille, que tu nous expliqueras...

MARIE.

Parlez bas... parlez bas...

(Marie, madame Morin, Hubert, se plaçant sur le devant du théâtre et parlant à demi voix.)

HUBERT.

Tu le sais, ma fille, tous nos convives, tous nos amis, effrayés d'une scène si vive, si extraordinaire, se sont éloignés... plus de fête, plus de joie... Mais un événement qui occupe tous le monde et dont tout le monde parle; ne peux tu nous dire quelle en a été la cause?

MARIE.

Mon père... et vous madame Morin, pardonnez... mais c'est quelquefois envenimer le mal que de vouloir en apprendre la cause, en parler, c'est en réveiller la douleur, c'est faire saigner la blessure;... Paul et moi serons plus heureux si on ne nous interroge jamais sur ce qui s'est passé.

MADAME MORIN.

Marie, votre père et moi attendions plus de complaisance de votre part.

MARIE.

O ma mère..... soyez persuadée que Paul m'aime toujours.... que je n'eus jamais de torts envers lui.....

HUBERT.

J'ai cédé à tes vœux, ma fille... je t'ai accordée à M. Paul

Morin ; j'ai rejeté pour lui la demande de M. Raymond... je ne m'en repens pas, madame Morin ; mais vous m'avouerez que ce qui s'est passé aujourd'hui est d'un triste présage pour l'avenir de mon enfant... et je ne devais pas m'attendre...

MADAME MORIN.

Mais M. Hubert, votre fille ne vous a-t-elle pas avoué quelle était la cause...

MARIE.

Oui, oui ma mère... (*à part*) Hélas ce n'est malheureusement que trop vrai.

HUBERT.

Tu en es la cause... tu t'accuses et tu ne t'expliques pas... je veux savoir... sans doute M. Raymond est au fait, et il faut...

SCÈNE IV.

LES MÊMES, JEAN.

HUBERT.

Ah ! Jean, tu viens à propos, vas chercher M. Raymond, et prie-le de vouloir bien aller m'attendre chez moi.

JEAN, *haut.*

M. Raymond ? (*Tout le monde lui fait signe de parler plus bas, en lui disant... chût...* (*bas*) Ah ! monsieur, il n'est pas ici... tout de suite après ce qui s'est passé ce matin il est parti, il est monté à cheval, et est allé je ne sais où.

HUBERT.

C'est singulier !

JULIEN.

Ah ! mon Dieu, oui, c'est singulier ! est-ce qu'il méditerait encore quelque mauvaise action ?

MARIE, *qui s'est approchée du cabinet revient sur le devant.*

Il se réveille... mon père, ma mère... au nom du Ciel, ne lui demandez rien... point d'explication... je vous en supplie... rien qui rappelle ce qui s'est passé.

JULIEN.

Il se lève, il semble venir vers nous.

MARIE.

Ah! il m'a aperçue, je vais à lui.

(Elle sort en courant).

SCÈNE V.

M. HUBERT, JULIEN, MADAME MORIN, JEAN.

HUBERT.

Ma foi, Madame, nous nous étions peut-être trompés... voyez comme ils s'embrassent... ils n'ont pas l'air de s'en vouloir.

MADAME MORIN.

Votre fille avait raison... les querelles des nouveaux mariés s'arrangent mieux toutes seules.

JEAN.

Tiens, les v'la qu'ils se r'aiment plus que jamais.

JULIEN.

Veux-tu te taire... où...

JEAN *à part.*

Comme il est brutal... j'saisp as comment Marguerite peut aimer les moustaches.

PAUL *conduit en scène par Marie.*

Ma mère, mon père... vous avez été en peine... Marie aussi a pleuré... mais ce n'est rien... elle me pardonnera ses larmes, je l'espère... *(à Hubert et à Madame Morin)*, permettez que je reste seul un instant avec ma femme.

HUBERT.

Mon ami, je suis étonné...

MADAME MORIN.

Paul consens à ce que nous ne te quittions pas aujourd'hui.

MARIE *bas.*

Tu as donc toujours les mêmes idées.

PAUL *de même.*

Sois tranquille, Marie... *(Il fait signe à Hubert et à sa mère de s'éloigner, puis tendant la main à Julien)*, Julien donne moi ta main...

JULIEN.

Mon capitaine!

PAUL.

Nous nous reverrons tantôt... ne l'oublie pas.

(M. Hubert, madame Morin et Julien, sortent.)

SCÈNE VI.

PAUL ET MARIE.

PAUL.

Marie! que d'effroi je t'ai causé!...

MARIE.

Paul, mon ami, ce n'est rien, non rien... plus de danger... plus d'inquiétude...

PAUL.

Tu le crois?...

MARIE.

Sans doute...

PAUL.

Tu ne me trompes pas?...

MARIE.

Pourquoi te tromper? Dans tes yeux qui m'effrayaient naguère, je ne lis maintenant que ton amour pour moi...

PAUL.

Oui, Marie, de l'amour;... mais vois s'il n'y a pas de quoi perdre la raison... jeune, riche, heureux, t'aimant au delà de toute expression... aimé de toi, Marie... et au moment de jouir de tout ce bonheur, frappé à mort!... et quelle mort, grand Dieu!...

MARIE.

Mon ami, éloigne toutes ces idées...

PAUL.

Non, elles m'assiègent sans cesse, et je pense, malgré moi, à l'horreur des tourmens que j'aurais à souffrir!... mes amis, mes parens, mes ouvriers, mes domestiques qui s'éloigneraient de moi... toi, Marie, toi qui ne me fuirais pas, mais qu'on arracherait de mes bras... qui ne soignerais pas mes derniers momens, qui n'adoucirais pas ma mort, et qui peut-être serais ma victime!...

MARIE.

Tu veux donc me faire mourir de douleur, Paul? encore une fois, éloigne ces idées. Eh quoi! je ne pourrai parvenir à donner un autre cours à tes pensées? je croyais que tu avais plus d'amour pour moi, Paul; et qu'il l'emporterait facilement sur des craintes puériles.

PAUL.

Ah! n'accuse pas mon amour, Marie! tout ce que tu me dis je me le dis à moi-même... mais, je l'avoue, mon imagination est frappée, et j'ai là une pensée fixe, à laquelle je ne sais quel pouvoir me ramène sans cesse.

MARIE.

Paul, oui, tu as été blessé, blessé pour me sauver la vie, et quand nous serons vieux tous deux, quand nous serons près tous deux de finir une vie que nous aurons passée à nous aimer, nous nous rappellerons avec plaisir cette circonstance qui nous a donnés l'un à l'autre.

PAUL.

Vieux... ensemble, après avoir passé notre vie à nous aimer... oui, tu as raison, nous raconterons cet événement à nos enfans; je dirai à mon fils aîné : vois-tu ta mère, mon ami, c'est moi qui l'ai sauvée... une louve furieuse l'avait attaquée, et je l'ai tuée avec Durand, mon ami... car Durand sera là, n'est-ce pas?

MARIE.

Oui, Durand... oui, Durand sera là...

PAUL.

Ah! Dieu à quelle erreur je m'abandonne!...

MARIE.

Paul, ce n'est point une erreur, c'est la vérité... c'est l'avenir qui t'attend...

PAUL.

En effet, je suis bien... je dors, je marche, j'ai de la force, mes pensées se suivent et se lient bien dans ma tête, je me souviens... ce matin, M. le Maire nous a mariés, ce matin nous avons signé le contrat... nous avons été à l'église, maintenant je suis avec toi... ah! n'importe... je suis perdu!...

MARIE.

Paul, mon ami, je t'en supplie!... reviens à toi... ton esprit seul est frappé!...

PAUL.

Marie, je vais être pour toi une source de douleurs... tu me pleureras, car tu m'aimes, et l'événement horrible qui va nous séparer ne s'effacera jamais de ton souvenir!... je le sais, toute ta vie tu me verras luttant avec une mort affreuse... et c'est moi qui dois m'accuser d'avoir ainsi troublé ta vie, et de t'avoir fait ainsi partager mon malheur !

MARIE.

Que dis-tu, Paul?... en supposant le malheur que tu crains de quoi as-tu à t'accuser?... n'est-ce pas pour me sauver que tu t'es exposé ?...

PAUL.

Marie, tu vas changer ces habits contre des vêtemens de deuil... tu n'es pas épouse, et tu vas être veuve.

MARIE.

Non, tu vivras... ou nous mourrons ensemble!...

PAUL.

Tu le sais, Marie, j'ai vu la mort de près... vingt fois, je l'ai affrontée sans trembler, sans y songer même... mais alors elle était belle, glorieuse: je laissais après moi un nom honorable, je mourais au lit d'honneur où j'ai vu tomber tant de mes compagnons, et tous ceux qui me voyaient mourir couraient au même danger... aujourd'hui quelle différence!...

MARIE.

Cher Morin!...

PAUL.

Ecoute moi... dans un de ses combats où j'ai versé mon sang pour ma patrie, j'ai gagné l'étoile des braves... cette croix qui devait m'accompagner jusqu'à ma dernière demeure, prends-la, Marie, conserve-la précieusement, comme un souvenir de Paul... prends-la, peut-être dans quelques momens je ne me connaîtrai plus, je ne serai plus à moi, je ne serai plus un homme... *(il arrache la croix qui est après l'uniforme que Julien a posé sur le fauteuil)*, prends-la, je pourrais la souiller!...

MARIE, *pleurant.*

Paul, pour la dernière fois, cesse donc de m'affliger!...

PAUL.

Tu pleures... tu pleures, Marie... Eh bien! reviens à toi... oui je te crois, tu as raison, je suis bien. Je ne te quitterai pas... et comme tu dis, nous vivrons et nous mourrons ensemble!... on vient... on vient... fais comme moi, Marie, sèche tes larmes...

SCÈNE VII.

LES MÊMES, JEAN *(entrant timidement)*.

JEAN.

C'est moi...

PAUL.

Que veux-tu, mon ami?...

JEAN.

J'espère que je n'ai dérangé ni Monsieur, ni Madame?...

PAUL.

Non, mon ami...

JEAN.

C'est que ce sont vos ouvriers, Monsieur, qui sont dans la cour, et qui viennent vous féliciter sur votre mariage.

PAUL.

Mes ouvriers... qu'ils entrent!...

JEAN.

C'est que, Monsieur, ils n'osaient pas entrer comme ça sans vous avertir, parce que, comme c'est aujourd'hui qu'on leur paie leur semaine, ils ne voudraient pas que vous crussiez qu'ils viennent pour de l'argent... tandis qu'ils ne pensent qu'à vous souhaiter toute sorte de bonheur.

PAUL.

Je recevrai leurs souhaits, je leur paierai leurs journées de travail comme de coutume... je veux même ajouter à ce qui leur est dû, afin qu'ils puissent se réjouir à ma santé et à celle de Marie... qu'ils entrent... Jean, va les chercher.

MARIE.

Quelle triste journée!... s'il apprend la mort de Durand, tout est fini!...

SCÈNE VIII.

PAUL, MARIE.

PAUL.

Tu vois que je suis tranquille... la douleur où je t'ai vue m'a rendu de la force et de la fermeté.

MARIE.

Mon ami, songe à moi, à notre amour... il est tout mon avenir... les voici.

SCÈNE IX.

PAUL, MARIE, LES OUVRIERS.

PAUL.

Mes amis, je vous remercie de l'empressement que vous avez mis à venir me complimenter... te souviens-tu Pierre, et toi Justin, du plaisir que nous eûmes à vos noces? Eh bien! voici les miennes... J'espère que vous les passerez aussi gaîment... vous laisserez aujourd'hui la lime et le marteau... nous danserons sous la feuillée, et demain, dimanche, nous recommencerons à rire et à nous divertir *(à Marie)*, tu vois, Marie comme je leur parle?...

MARIE.

Oui mon ami, continue...

1er OUVRIER, *à ses camarades.*

Dites donc vous autres... l'voyez vous M. Morin... j'ons ben peur que l'père Jérome n'ait raison tout d'même.

2e OUVRIER.

Tais-toi donc, il nous écoute.

PAUL, *au 1er ouvrier.*

Que dis-tu là?...

1er OUVRIER.

Moi, rien, Monsieur...

PAUL.

Ne te nommes-tu pas Blanche?...

1er OUVRIER.

Oui, M. Paul...

PAUL.

C'est toi qui as refusé les secours du médecin que j'envoyai auprès de ton enfant malade, et qui préféras aller consulter le vieux berger?...

1er OUVRIER.

Dam! M. Paul, on m'avait dit que Jérome lui avait jeté un sort à cet enfant-là...

PAUL.

Et pour qu'il le lui retirât, tu as fait passer dans la besace de ce fripon le double de ce qu'eût demandé un homme expérimenté... malheureux! je te chasserais à l'instant même, si un jour comme aujourd'hui n'était pas un jour de pardon!... c'est Marie, c'est ma femme qui veut que tu restes encore... ainsi remercie-la, elle vous donne aussi une semaine à chacun, mes amis... et au lieu d'une que je vous dois, je vais vous en payer deux...

LES OUVRIERS.

Merci, merci, M. Paul Morin!...

1er OUVRIER.

Merci, Madame Paul Morin.

PAUL.

Es-tu contente, Marie! ces braves gens te bénissent déjà... maintenant, ma bonne amie, je vais leur donner de l'argent... mais, retourne auprès de ton père et de ma mère, j'espère que je vous rejoindrai bientôt,... mes amis je suis à vous dans un moment...

(Paul reconduit Marie, il sort avec elle.)

SCÈNE X.

LES OUVRIERS.

2e OUVRIER.

Qu'il est bon, ce M. Paul!...

1er OUVRIER.

Oui, bon pour les uns, et dur pour les autres... comme il m'a traité!... et tout ça parce que j'ai confiance dans le père Jérôme... mais il lui arrivera malheur! le père Jérôme ne l'aime pas... et vous verrez s'il ne lui jettera pas quelque sort!...

2e OUVRIER.

Un sort à M. Paul!... veux-tu bien ne pas faire de ces prédictions-là!...

1er OUVRIER.

Ah! voici M. Raymond.

SCÈNE XI.

LES MÊMES, M. RAYMOND.

LES OUVRIERS.

M. Raymond.

RAYMOND.

Ah! mes amis, vous voilà ici?... et comment cela se fait-il?...

3e OUVRIER.

Nous sommes venus complimenter M. Paul et sa femme... Monsieur nous doit une semaine, Madame va nous en faire donnez deux... on va nous les payer... ma foi, c'est une brave femme!...

RAYMOND.

Oui, c'est une brave femme, et qui mérite un meilleur sort que celui qui l'attend.

1er OUVRIER.

Qu'y a-t-il donc de nouveau?

RAYMOND, *à part*.

Ne nous compromettons pas... *(aux ouvriers)*, moi, je ne sais pas ce qui se passe,... d'ailleurs, je viens de trois lieues d'ici... mon service des ponts-et-chaussées m'appelait dans le village qu'habite, ou pour mieux dire qu'habitait Pierre Durand... je suis de retour, et voilà tout...

2e OUVRIER.

Que voulez vous dire qu'habitait?...

RAYMOND.

Et oui, mon garçon, qu'habitait... on assure qu'il est mort.

2e OUVRIER.

Ah! mon Dieu!... M. Pierre Durand est mort?...

3e OUVRIER.

L'ami intime de M. Paul...

RAYMOND.

Hé?... hé! hé!...

2e OUVRIER.

Ça a l'air de vous faire plaisir, M. Raymond?...

RAYMOND.

Moi, du tout!... du tout... c'est qu'il est mort d'une manière...

UN OUVRIER.

De quelle manière donc?...

(Raimond leur parle bas à l'oreille.)

TOUS LES OUVRIERS, *avec un mouvement d'effroi*.

Ah!...

RAYMOND.

Et comme on meurt dans ces cas-là.

UN OUVRIER.

O ciel! quel malheur!...

RAYMOND.

Oui, c'est un grand malheur!... j'en tremble encore... mais il ne faut pas y songer, un jour de nôces, il faut rire, s'amuser, danser, boire,... moi, je vous laisse, puisque M. Paul est en affaire avec vous... je prendrai un autre moment pour lui faire mes complimens de condoléance sur la mort de son ami.

(Il sort.)

SCÈNE XII.

LES OUVRIERS.

2e OUVRIER.

Dis donc, Justin, comme c'est heureux, cependant, que notre maître n'ait pas été blessé, ça pouvait lui arriver tout comme à M. Pierre Durand.

UN AUTRE.

Et sans doute... ça me chagrine, moi... c'était un brave jeune homme que ce Pierre Durand, mais silence! v'là M. Paul...

SCÈNE XIII.

LES OUVRIERS, PAUL.

PAUL, *tenant un sac d'argent.*

Tenez, mes amis, voilà de l'argent... je vous recommande toujours l'économie; mais, ma foi, aujourd'hui vous pouvez dépenser... c'est pour mon mariage... faites danser vos femmes, vos filles, vos enfans.... divertissez-vous... mais que vois-je?.. vous êtes tristes, soucieux... qu'est-il arrivé?...

2e OUVRIER.

Ah! Monsieur, c'est que nous prenons part à votre chagrin...

PAUL.

Mon chagrin, mes amis, je n'en ai pas... vous m'avez vu de matin un peu agité, mais ce n'était rien... c'était une indisposition d'un moment, qui a cédé à quelques paroles de Marie.

2e OUVRIER.

Ah! tant mieux, M. Paul... mais nous venons de voir M. Raymond...

PAUL.

M. Raymond?...

2e OUVRIER.

Oui, Monsieur... il était ici n'y a qu'un instant, et vous savez?...

PAUL.

Quoi donc?...

2e OUVRIER.

Eh bien! M. Paul, la mauvaise nouvelle?...

PAUL.

Quelle mauvaise nouvelle?...

2e OUVRIER.

Vous ne le savez pas?

PAUL.

Non...

2e OUVRIER.

Eh bien! je ne le vous dirai pas... je ne veux pas vous annoncer cela un jour de noces...

PAUL.

Une mauvaise nouvelle... un jour de noces... que voulez-vous dire?...

2e OUVRIER.

Rien, Monsieur... rien...

PAUL, *avec violence.*

Tu parleras, tu parleras... tu diras ce que c'est... l'infame Raymond est venu souffler ici la haine et la discorde... parle... parle!...

2e OUVRIER.

Eh bien! c'est que M. Pierre Durand est mort.

PAUL.

Pierre Durand!... mon ami, mon compagnon,... ah! pourquoi m'a-t-on laissé m'abandonner à la joie, presque sur le cercueil de mon ami?... et Marie le savait... elle voulait me le cacher... ô ciel? c'en est fait!... perdu, perdu sans retour...

1er OUVRIER.

Je le savais... le vieux Jérôme l'avait dit...

PAUL, *aux ouvriers.*

Moi aussi, je le savais... ce matin; j'ai vu l'effroi de Marie; mais on m'a apaisé,... quelques heures de sommeil m'ont un peu calmé, et maintenant, tout mon mal se réveille... allez, laissez-moi... je veux être seul!... j'ai besoin d'être seul?...

OUVRIERS, *tremblant.*

M. Paul!... de grace!...

PAUL, *avec fureur.*

Allez, vous dis-je... allez!... et soyez certains que je ne mourrai pas comme Durand!...

(Les ouvriers sortent.)

SCÈNE XIV.

PAUL, *seul.*

Misérable Raymond!... c'est par lui qu'ils savent tout maintenant!... ce matin, tantôt encore, j'avais de l'espérance... je me laissais persuader par les paroles de Marie,... maintenant, tout est fini!... je suis certain de mon malheur!... je sens un feu inconnu qui circule dans mes veines, qui les brûle... qui les dévore!... mon sang se précipite dans mon cerveau et l'embrâse... Malheureux!... ah! oui, il faut mourir, il faut sortir de la vie, autrement que par le chemin affreux qui m'attend... ô Marie!... ô ma mère!... j'hésite à mourir... *(jetant les yeux sur le ruban qu'il porte à sa boutonnière)*, je ne suis point un lâche, cependant... ô Marie! ne plus te revoir... ne plus te serrer dans mes!... il le faut... il faut prendre une résolution fatale!... mais que je ne peux plus différer... *(il va chercher des pistolets qui sont à l'entrée de sa chambre)*, sentinelle perdue, je ne fuis pas le danger; je m'y précipite... Ciel! on vient...

(Il place ses pistolets derrière lui.)

SCÈNE XV.

PAUL, JULIEN.

JULIEN.

C'est moi, capitaine... qu'avez-vous... pourquoi ces armes que vous cherchez à me cacher?...

PAUL.

Julien!... tais-toi, et écoute... je t'ai sauvé la vie, il y a quinze ans, dans les champs malheureux de la Champagne.... tu me l'as rendu... mais nous ne sommes pas quittes... Julien, si dans un jour de bataille tu m'avais vu renversé sous les pieds des chevaux ennemis, et atteint d'une blessure mortelle; s'il avait fallu m'enlever aux horreurs de la captivité et aux tourmens d'une agonie passée près de l'ennemi. Qu'aurais-tu fait?...

JULIEN.

J'avais des pistolets aux arçons de ma selle, capitaine...

PAUL.

Bien! Julien... bien... mais je suis plus malheureux aujourd'hui, et je réclame de toi ce funeste service...

JULIEN.

Grand Dieu!...

PAUL.

Julien, mon parti est pris... je suis sans ressources... je n'en ai que dans la mort!... n'expose pas ton ancien compagnon, ton ami, à toutes les horreurs qui l'attendent... ne sais-tu pas comment Durand a fini?...

JULIEN.

Hélas!...

PAUL.

Sauve-moi de cette ignominie!... déjà il me semble que mon mal s'accroît... il me dévore!... dis-moi, mes paroles se suivent-elles?... je crois que ma bouche ne prononce plus... que je ne pousse que des sons inarticulés... je ne m'entends plus!...

JULIEN.

M. Paul!... mon capitaine!...

PAUL.

Peut-être, ce service que je te demande, j'aurais dû me le rendre à moi-même... mais ma main tremble, ma tête s'égare, et si je ne me portais qu'un coup mal assuré, je redoublerais les maux que je veux éviter... il ne faut pas donner à Marie un spectacle hideux..: toi tu ne risques rien, j'ai tout prévu... et je te demande au nom de notre amitié ce que l'humanité seulement t'ordonne de faire... tu pleures... tu n'es donc plus un soldat?... tiens!...

JULIEN.

Non, jamais!... jamais!...

PAUL.

Cruel! tu sens comme moi que je n'ai que ce parti à prendre, et tu refuses... je t'en prie, Julien, je t'en supplie!... faut-il que je me jette à tes genoux, et que je les embrasse... tiens, m'y voici; dérobe-moi à toutes les horreurs qui m'attendent... sauve-moi d'une mort ignominieuse!...

JULIEN.

Mon capitaine, M. Paul, jamais je ne pourrai...

PAUL.

Eh bien!... je te le commande!... ami déloyal, tu refuses de me servir... vieux soldat, désobéiras-tu à ton capitaine?

JULIEN.

Comment, mon capitaine, que dites-vous?...

PAUL, *avec force.*

Je vous le commande... *(avec bonté)*, camarade, obéissez!...

JULIEN.

Pourquoi ne sommes-nous pas morts tous deux dans cette Champagne où nous avons laissé tant de compagnons! *(Il est anéanti; tout à coup frappé d'une idée, il dit)* Capitaine, donnez!... *(Paul lui donne un pistolet, Julien s'empare des deux)*. Les deux!... les deux!...

PAUL, *à part.*

Adieu Marie!... adieu tout ce que j'aimais!... je meurs pour toi... cette blessure qui m'entraîne au tombeau, c'est pour toi que je l'ai reçue... adieu!... ma mère!... Julien, feu!...

JULIEN, *fait le mouvement d'ajuster un pistolet sur son capitaine, et se place l'autre sur le cœur.*

Ah! capitaine, que je vous embrasse encore une fois!...

PAUL.

Assez, Julien, assez!... ne nous attendrissons pas... es-tu prêt, mon ami? feu!...

(Au mot *feu*, le pistolet de Julien part, Marie se précipite sur l'arme et détourne le coup, qui s'égare; elle se jette dans les bras de Paul.)

SCÈNE XVI.

TOUT LE MONDE.

MARIE.

Paul! Paul!...

TABLEAU.

FIN DU SECOND ACTE.

ACTE TROISIÈME.

(Le théâtre représente la cour de la fonderie, fermée par une grille circulaire, dont l'ouverture fait face au public. A droite de l'acteur un corps de bâtimens, à gauche l'entrée des ateliers, au loin une montagne boisée.)

SCÈNE PREMIÈRE.

JULIEN, OUVRIERS.

(Au lever du rideau les Ouvriers sont agités; ils se parlent entr'eux et forment différens groupes.)

1er OUVRIER.

Eh bien! l'as-tu vu?...

2e OUVRIER.

Qui?...

1er OUVRIER.

M. Paul!...

2e OUVRIER.

Non, il se cache... ou peut-être on le cache.

1er OUVRIER.

Ah! je m'en suis toujours douté... Jérôme le vieux berger me l'avait dit, il y a trois mois.

2e OUVRIER.

Il te l'avait dit?...

1er OUVRIER, *mystérieusement.*

Oui, il lui a jeté un sort!...

2e OUVRIER.

A M. Paul?...

(Les ouvriers se rapprochent et écoutent.)

1er OUVRIER.

Un soir que je revenais de la fonderie, je rencontrai le vieux Jérôme, je voulus l'éviter, mais il vint à moi... tu vois bien, me dit-il, cette fumée, là-bas?... c'était la fumée de nos fourneaux. Eh bien! dans trois mois elle aura disparu... Pourquoi, dis-je tout effrayé, notre jeune maître va-t-il encore partir pour l'armée?... lui qui va épouser Mademoiselle Marie... Il ne l'épousera pas, dit-il...

2e OUVRIER.

Tu vois bien que Jérôme s'est trompé... il a épousé Mademoiselle Marie...

1er OUVRIER.

Écoute. — Où s'il l'épouse... il n'en dit pas d'avantage... je le vis se cacher dans les broussailles.

2e OUVRIER.

Oui, il l'a épousée... mais quelle nuit, pour une première nuit de noces!

SCÈNE II.

JULIEN, *sortant de la maison.*

Eh bien! mes amis, qu'y a-t-il? que disons-nous là?

1er OUVRIER.

Tenez, M. Julien, nous parlions de M. Paul.

JULIEN.

M. Paul va bien, mes amis... allez à vos travaux, et dans une heure il ira vous voir... il ira faire sa ronde accoutumée.

2e OUVRIER.

Les travaux, les travaux... ils sont finis les travaux... nous ne battrons plus le fer pour M. Paul.

JULIEN.

Que dis-tu donc?...

1er OUVRIER, *à Julien.*

Ils sont tous furieux dans le village... ce n'est pas qu'ils lui en veuillent, le pauvre cher homme; au contraire, tout le monde l'aime... mais, c'est que voyez-vous...

JULIEN.

Quoi?

Ier OUVRIER.

Vous le savez comme nous... ça ne se pardonne pas ça... et ça met tout le monde dans un fameux danger.

JULIEN.

Malheureux que vous êtes!... M. Paul, votre ami, votre protecteur, celui qui vous fait vivre, qui veut vous enrichir...

Ier OUVRIER.

Dame! écoutez donc, M. Julien; ça ne dépend pas de lui... mais, c'est égal, nous le défendrons, M. Julien.

JULIEN.

Chut! taisez-vous... voici Madame Morin et sa fille...

(Les ouvriers se retirent au fond du théâtre.)

SCÈNE III.

LES MÊMES, MADAME MORIN, MARIE.

MARIE, *à Julien*

Que disent-ils?...

JULIEN.

Rien, Madame... ils vont retourner à la fonderie, et quelque chose qu'il arrive, ils nous sont tous dévoués.

MARIE, *tristement.*

Hélas! ils nous sont dévoués, dis-tu... mais nous avons donc besoin de leur dévoûment?... ah! oui... et le pauvre Paul est perdu!... *(à Madame Morin)*. Ma mère!...

MADAME MORIN.

Chère Marie... est-il donc vrai que je n'ai plus de fils!...

MARIE.

Ma mère, comprimez votre douleur... cachez vos alarmes... feignons devant ces braves gens une tranquillité que nous n'avons pas... *(aux ouvriers)* Mes amis, vous êtes ici... vous entourez notre demeure... C'est sans doute pour avoir des nouvelles de Paul, je vous remercie de cette marque d'intéret... il va bien, il va mieux... dans quelques jours, aujourd'hui peut-être, vous le reverrez ce que vous l'avez vu toujours, tranquille, bon, s'occupant de votre avenir et de vos intérêts... mais, mes amis, Paul a été troublé, inquiété... il a perdu un ami... un ami d'enfance, un ami dévoué .. il a besoin de tranquillité, de repos, il faut qu'autour de lui tout ait l'apparence accoutumée, ainsi, mes amis, reprenez vos travaux, bientôt il sera au milieu de vous.

(Tous les ouvriers prennent leurs outils, qui sont déposés sur le théâtre.)

1er OUVRIER, *à son camarade.*

Tu vois comme elle parle... elle a raison, il faut faire ce qu'elle dit... mais, notre maître est perdu! le vieux berger ne s'est pas trompé...

MARIE, *à madame Morin et à Julien.*

Venez, ma mère... venez, Julien... profitons de leur bonne volonté, emmenons-les, et ne les quittons que lorsqu'ils seront tous occupés.

JULIEN.

Vous avez raison.

MARIE.

Venez, mes amis?

1er OUVRIER, *à son camarade.*

Quel dommage!...

(Ils sortent tous; Marie, madame Morin, Julien, les entourent, et les emmènent à la fonderie.)

SCÈNE IV.

M. RAYMOND, JÉROME.

(Ils entrent sans bruit dans la cour; ils marchent avec précaution et avec quelque frayeur.)

RAYMOND.

Tu ne vois rien?...

JÉROME.

Non... voilà les ouvriers qui entrent à la fonderie.

RAYMOND.

Tu es sûr qu'il n'y a personne dans la cour?

JÉROME.

Eh! non; d'ailleurs, que vous importe, ce n'est pas vous

qui devez avoir peur, c'est moi ; si M. Paul ou M. Julien me voyaient...

RAYMOND.

Oui, oui, M. Paul ne t'aime pas, et si je ne t'avais pas protégé contre ses dénonciations, si je n'avais pas répondu de toi à M. le Maire, il y a long-tems qu'on t'aurait chassé de la commune.

JÉROME.

Je le sais... il aime mieux nourrir des hommes forts et vigoureux, que de donner l'aumône à un pauvre vieillard... mais, le Ciel l'a puni, et comme je l'ai annoncé...

RAYMOND.

Imbécille... garde ces paroles pour ceux que tu trompes, mais moi... si le hasard ou mon bonheur n'eussent pas frappé Paul, il serait encore plus fort que nous ne le sommes.

JÉROME.

Mais, M. Raymond...

RAYMOND.

Tais-toi... regarde cette cour, cette maison, ces fénêtres... souviens-toi de ce que je t'ai dit ici, tu as vu du trouble, de la confusion... tu as entendu des cris, les cris affreux de M. Paul, tu comprends, pars.

JÉROME.

Ah ! je soutiendrai.

RAYMOND.

Oui, tu diras que tu as vu cela, que tu l'as entendu... tu seras effrayé et tu effraieras les autres... va !... qu'on te voie sortir d'ici, et ne parle pas de moi.

JÉROME.

Oui, oui, Monsieur ; je pars... d'autant mieux que voici quelqu'un qui ne me laisserait pas tranquillement ici.

RAYMOND.

Pars donc !...

SCÈNE V.

RAYMOND, JULIEN.

JULIEN.

Vous ici, M. Raymond... qu'y venez vous faire? que voulez-vous?

RAYMON .

Je venais demander des nouvelles de...

JULIEN.

Oui, oui, vous vous intéressez beaucoup à mon capitaine... je le sais... *(apercevant Jérôme qui gravit la montagne)*, mais qui vois-je là-bas qui s'éloigne ainsi?... N'est-ce pas Jérome, ce vieux misérable?...

RAYMOND.

Je ne sais... je ne...

JULIEN.

Ah! vous ne savez... eh bien! croyez-moi, décampez au plus vite!... M. Paul va passer dans cette cour pour se rendre à la fonderie.

RAYMOND.

Je pars, M. Julien, je pars... *(à part)*. Toi aussi, tu auras ton tour!...

SCÈNE VI.

JULIEN, *seul*.

Le méchant homme! il vient jouir du mal qu'il a fait... ô Ciel! voici M. Paul!... qu'il est pâle et défait!... on dirait qu'il ne peut se soutenir... ô mon pauvre maître!... ce n'est pas ainsi que vous deviez mourir!

SCÈNE VII.

JULIEN, PAUL.

PAUL.

Julien... tu parlais à Raymond... il s'est éloigné à mon approche... qu'ai-je donc fait à cet homme?... Ecoute, je veux le voir... je veux lui parler... il ne peut-être loin... va le chercher.

JULIEN.

Mon capitaine. . c'est que...

PAUL.

Je ne sais ce que tu veux dire... as-tu peur de me laisser seul?... ne crains rien... j'ai promis à ma mère, à Marie, à toi, de ne pas attenter à mes jours, je tiendrai ma parole.

(Julien s'éloigne, en regardant Paul avec intérêt.)

SCÈNE VIII.

PAUL, *seul.*

Oui, c'est Raymond qui excite ces pauvres gens... eh bien! je vais lui demander merci... qu'il ne voie plus en moi qu'un ennemi tombé, qu'un ennemi sans défense. Il vient... ah! sais-je seulement ce que je vais lui dire?...

SCÈNE IX.

PAUL, RAYMOND, JULIEN.

JULIEN, *amenant Raymond de force.*

Le voici, mon Capitaine.

RAYMOND, *se débattant.*

Que prétendez-vous faire?... M. Paul, est-ce par votre ordre que cet homme...

PAUL.

Cet homme est mon ami, le meilleur de mes amis, maintenant que Pierre Durand... avancez... cessez d'affecter un effroi que vous n'avez pas.

RAYMOND.

Que voulez-vous de moi?...

JULIEN.

Écoutez! écoutez!

PAUL.

Julien, calme-toi... *(à Raymond).* Vous me haïssez; l'amour de Marie, ma fortune, ma position, tout vous a fait envie; mais, clairvoyant comme vous l'êtes, vous avez dû sentir que vous ne pourriez pas élever l'édifice de votre bonheur sur mon tombeau... il y aura une barrière insurmontable entre Marie et vous... c'est mon souvenir.

RAYMOND.

M. Paul...

PAUL.

Alors, votre fureur s'est accrue, vous avez appris mon affreuse position, et vous avez juré d'entourer ma mort des plus horribles douleurs, vous n'osez pas le nier... vous avez soulevé contre moi toute cette population superstitieuse!...

RAYMOND.

M. Paul, ne vous irritez pas ainsi... vous vous trouvez dans une agitation, dans une fureur...

PAUL.

De l'agitation... et non, je suis tranquille... Écoutez moi: vous m'avez fait bien du mal... eh bien! moi, je puis encore vous le pardonner, si vous voulez me rendre un seul service; volez vers ces furieux, calmez-les surtout, songez à démentir les bruits odieux que vous avez eu la cruauté de répandre, que je meure, mais ici, et sans autres témoins que les seuls êtres qui me sont chers... partez, éloignez de chez moi une multitude furieuse; Marie en mourrait; je vous en supplie, n'étendez pas sur elle l'inimité que vous avez pour moi.

RAYMOND.

M. Paul, vous m'attribuez une haine et une influence que je n'ai pas.

JULIEN.

Comment, M. Raymond, vous n'êtes pas ému!... vous n'êtes pas touché de la douleur de mon capitaine... oh! s'il m'était permis... si je ne respectais...

RAYMOND.

De la violence!... prenez garde... Monsieur, je puis appeler du secours.

JULIEN, *le menaçant du geste.*

Si vous poussez un cri... vous n'en pousserez pas deux!...

RAYMOND.

M. Paul vous m'avez entraîné dans un piége... c'est un assassinat!...

JULIEN, *avec violence.*

Misérable!... mon capitaine, je vous en supplie, permettez-moi...

(Il fait un geste significatif. Raymond sort. Julien va le poursuivre, lorsque Paul l'arrête. A l'entrée de M. Hubert, Julien ferme la grille, et rentre à la fonderie.)

SCÈNE X.

PAUL, HUBERT.

PAUL.

Mon père!... ah! je succombe à ma fatigue et à mon abattement... pardonnez; non, j'ai de la force encore... cependant l'éclat du jour me blesse, je...

HUBERT.

Paul, mon ami... que lui dire?... grand Dieu...

PAUL.

Vous voyez tout... depuis quelques heures je suis frappé... ma femme, ma mère vont rester sans appui... Il y a quelques tems, j'aurais su mourir, M. Hubert; aujourd'hui il me semble que je n'en ai pas la force... ah! quelques mots de consolation et d'espoir, je vous en supplie!...

HUBERT.

Mon ami, vous vous trompez et vous vous effrayez à tort... écoutez-moi : le malheur que vous redoutez est affreux, cependant il est rare qu'il ait les suites funestes que vous prévoyez.

PAUL, *avec une joie subite.*

Serait-il vrai?... existe-t-il dans le village... dans le pays un homme... un seul, qui frappé comme moi, ait échappé aux atteintes du poison que je redoute! s'il vit, qu'on me l'amène... ou qu'on me conduise vers lui... que je lui parle, que sa vue, que ses paroles fassent rentrer le calme dans mes sens.

HUBERT.

Mon ami, mon fils!...

PAUL.

Mon père, vous restez immobile... vous ne courez pas vers cet homme?... ah! on meurt toujours de ces blessures... et moi, déjà je... je... j'ai froid,... je brûle... je frissonne.., je ne vois plus... Marie!... vous lui parlerez du malheureux qu'elle aimait... et si un jour... un nouvel hymen... ah ! M. Hubert, Raymond est-il toujours votre ami ?...

HUBERT.

Non, Paul... et ce que vous paraissez craindre n'arrivera jamais!

PAUL.

Jamais! jamais!... ah! je mourrai plus tranquille.

(On entend du bruit au-dehors de la grille. Des villageois descendent les montagnes, d'autres accourent de gauche et de droite; le berger est au milieu d'eux, et il les excite du geste et de la voix.)

SCÈNE XI,

PAUL, HUBERT, JEROME, *plus tard* MARIE, JULIEN, UN OUVRIER *sortant de la fonderie*, VILLAGEOIS *armés de bâtons.*

JÉROME

Tenez, il est là! brisez ces grilles.

TOUS LES VILLAGEOIS.

Oui... brisons ces grilles...

PAUL, *à Hubert.*

Entendez-vous?... voilà l'ouvrage de Raymond.

HUBERT.

Grace au ciel! J'aperçois M. le Maire.

LE MAIRE, *en dehors de la grille et en écharpe.*

Que signifient ces cris? que veut dire ce désordre.... mes amis, dans quelle erreur vous êtes!... on vous trompe; on vous égare... voyez, je vais l'aborder, je vais serrer sa main, lui parler... Julien, ouvrez cette grille.

(Julien ouvre la grille, le Maire entre, les villageois sont étonnés.)

1er VILLAGEOIS.

Il entre tout de même!

2e VILLAGEOIS.

C'est vrai!...

HUBERT.

M. le Maire, venez adoucir les malheurs d'une famille que tout accable à la fois.

LE MAIRE.

Paul, mon ami, je vous croyais moins faible... je pensais trouver en vous plus de force d'âme et de raison.

(Tous les villageois veulent se précipiter en-dedans de la grille, en poussant de nouveaux cris. Le Maire leur fait signe de se retirer.)

PAUL.

Ah! voyez, M. le Maire, entendez ces cris de fureur!...

LE MAIRE.

Oui, c'est là un des fruits les plus amers de l'ignorance de ce pays, de cette superstition dont nous avons si souvent déploré ensemble les tristes effets. Mais comment se fait-il que sur de simples indices et le rapport fait par un seul homme, d'un malheur dont nous n'avons encore aucune certitude, vous vous laissiez abattre, et perdiez tout espoir... allons asseyons-nous, mon ami, j'ai à vous parler.

HUBERT, *indiquant la maison.*

M. le Maire, veuillez entrer?...

LE MAIRE.

Non, Monsieur,... c'est ici... en présence de cette multitude effrayée, que doit avoir lieu notre entrevue.

(On avance des chaises, Paul et le Maire s'asseyent. Hubert et Julien retirés au fond, font des signes de paix aux villageois.)

LE MAIRE, *continuant.*

Votre tranquillité, mon cher Paul, me rassure, et j'espère plus que jamais que le mal dont chacun vous croit la victime, n'est qu'imaginaire.

PAUL, *souriant amèrement.*

Vous l'espérez, Monsieur....

LE MAIRE, *vivement et à demi-voix.*

Prenez garde, on nous observe!...

PAUL.

Bien, bien, M. le Maire... je suis calme, tranquille... vous le voyez... mais... cependant, je suis épouvanté... je ne puis dissiper des pressentimens horribles. Ah! Monsieur, ne me cachez rien, avez vous bien réellement l'espoir que vous voulez me faire partager?

LE MAIRE.

Oui, mon ami,... mais il faut avant tout vous soustraire aux impressions pénibles qui vous entourent... ici, vous êtes mal... il faut vous éloigner pour quelque tems de ces lieux... partez aujourd'hui même... Julien vous accompagnera.

PAUL.

Et Marie aussi?...

LE MAIRE.

Sans doute... L'air pur des montagnes apaisera votre sang agité, des objets nouveaux distrairont vos yeux, et votre imagination... pendant votre absence, le souvenir de vos bienfaits se réveillera parmi ces villageois que vous vouliez éclairer... mais, vous ne m'écoutez pas, mon ami?...

PAUL.

Au contraire, j'accepte cette voie de salut que vous montrez à mes yeux... je crois, oui... je crois que bientôt ceux qui s'intéressent à mon sort n'auront plus rien à craindre pour moi!...

LE MAIRE *se levant.*

Adieu, mon ami, adieu! nous nous reverrons avant votre départ.

(Dans ce moment Jérôme paraît derrière un arbre. Paul reste assis. Le Maire lui présente la main, Paul avance la sienne en tremblant; le Maire sort sans voir Jérôme. Après avoir engagé tous les villageois à se retirer, Hubert rentre dans la fonderie. L'ouvrier qui était en scène suit les villageois sur la montagne; Jérôme sort le dernier, en prenant le même chemin, et en évitant d'être aperçu.)

SCÈNE XII.

PAUL, JULIEN.

JULIEN, *avec joie.*

Ah! capitaine, que votre entrevue avec M. le Maire me fait de plaisir!... quel brave homme! vous avez retrouvé votre tranquillité avec lui!...

PAUL.

Ma tranquillité!

JULIEN.

Oui... vous causiez doucement comme d'anciens amis... croyez-moi, ne voyez que d'honnêtes gens... évitez Raymond... M. le Maire a dû vous communiquer son projet; demain nous quitterons ces lieux, et vous retrouverez bientôt votre gaîté et votre bonne humeur.

PAUL.

Non, non, ne cherche pas aussi à m'abuser.. je ne sortirai pas d'ici... je... Julien, approche-toi... mes forces m'abandonnent... je puis à peine me soutenir.

JULIEN.

Grand Dieu!... et je suis seul...

PAUL.

Marie!... chère Marie!...

SCÈNE XIII.

LES MÊMES, PIERRE *ouvrier, accourant par la montagne et bientôt après les* VILLAGEOIS, RAYMOND *et* JÉROME.

PIERRE.

M. Paul!... M. Julien!... *(il aperçoit Paul)*, ah! mon Dieu!... et les damnés villageois qui accourent de ce côté.

JULIEN.

Que dis-tu?... les misérables!... ah! ils n'entreront ici qu'après m'avoir passé sur le corps, *(il court à la grille et la ferme avec soin)*, Pierre rassemble nos ouvriers.

(Pierre court à une cloche qu'il sonne fortement.)

RAYMOND, *montrant Paul.*

Le voilà, mes amis, c'est le moment de nous en saisir, ou nous serons tous victimes de sa fureur.

JÉROME.

Ouvrons cette grille; faisons retirer les femmes.

(Tous les villageois exécutant ce mouvement en poussant des cris de fureur.)

PAUL.

Ce sont eux, Julien ne me quitte pas.

SCÈNE XIV.

LES MÊMES, MADAME MORIN, MARIE, HUBERT, OUVRIERS.

(Les onvriers précèdent les autres personnages, ils sont armés de marteaux, de pinces, barres de fers, etc., Julien les range sur les deux côtés de la scène.)

MADAME MORIN.

Oh! Ciel! que signifient ces cris, ce tumulte?

HUBERT.

Les insensés!... Oseraient-ils?...

MARIE, *entrant à ce moment, et courant vers Paul.*

Paul! où est-il?... ah!... maintenant ils ne l'arracheront pas de mes bras.

SCÈNE XV.

LES MÊMES, JEAN, *accourant.*

JEAN, *tout essouflé.*

Eh! eh! grande nouvelle! mes amis, réjouissez-vous tous, M. Julien, ouvrez-moi donc la grille, M. Paul, mam'selle Marie... ah! quelle joie! quel bonheur! j'suis si content! si heureux!

TOUS, *excepté Paul.*

Explique-toi?...

JEAN.

Vous savez ben que j'vous ai dit à c'matin, qu'on m'avait dit que c'pauvre M. Durand était mort? Eh ben! c'est pas vrai; M. Raymond est seul cause de tout; il avait trouvé l'moyen d'l'éloigner, et c'était un bruit que par méchanceté, lui et ce coquin de Jérome, avaient répandu.

TOUS, *excepté Paul.*

Serait-il possible ?

(Raymond et Jérome fuient, en se perdant dans le groupe des villageois.)

JEAN.

Je v'nons de l'voir; il arrivait ici; il a rencontré M. le Maire, et c'est lui qui 'amène.

PAUL, *se soulevant aidé de Marie et de Julien.*

Que dit-il ? n'est-ce point un songe?... Durand...

LES VILLAGEOIS ET LES OUVRIERS.

Le voilà ! le voilà !

SCÈNE XVI.

LES MÊMES, LE MAIRE, PIERRE DURAND.

(Paul se lève, et court se précipiter dans les bras de Durand, l'étreint, le tâte. et parcourt tout son corps.)

PAUL.

Ah ! c'est bien lui !... c'est toi, Pierre !... mon ami !... mon frère ?...

TOUS LES VILLAGEOIS.

Vive Paul Morin ! vive Pierre Durand !

(Paul est dans les bras de Marie et de Durand, tout le monde se groupe autour d'eux.)

TABLEAU GÉNÉRAL.

FIN.

IMPRIMERIE DE A. HENRY, RUE GIT-LE-COEUR, N° 8.

www.ingramcontent.com/pod-product-compliance
Ingram Content Group UK Ltd.
Pitfield, Milton Keynes, MK11 3LW, UK
UKHW022136260726
13993UKWH00003B/1472